Notre Laïcité !

Émile Poulat

Notre Laïcité !

ou les religions dans l'espace public

Entretiens avec Olivier Bobineau
et Bernadette Sauvaget

DDB desclée de brouwer

Introduction

Quiconque s'intéresse à l'actualité peut faire ce simple constat : la laïcité ne cesse de défrayer la chronique.

En mars 2013, une crèche privée pouvait-elle licencier une salariée en raison de son refus d'enlever son voile au travail ? L'affaire « Baby Loup » est lancée. L'islam, encore, ou, plus précisément, un type de pratique culturelle – et non cultuelle – est dénoncé et stigmatisé. Non seulement les extrêmes, droite et gauche, mais également l'ensemble de la classe politique s'en saisissent en caricaturant les faits, en passionnant les débats : tous semblent ignorer ce qu'est la laïcité, aussi bien ses principes que ses origines. Ce n'est pas le cas de la Cour de cassation qui répond par la négative le 19 mars en considèrant que « le principe de laïcité n'est pas applicable aux salariés des employeurs de droit privé qui ne gèrent pas un service public », et « ne peut dès lors être invoqué pour les priver de la protection que leur assurent les dispositions du Code du travail ». Ce faisant, elle relance le débat sur les contours de l'application du principe de laïcité dans les structures de droit privé, associations et entreprises comprises. Débat aussitôt repris dans l'opinion publique jusqu'au sommet de l'État. Un appel pour une nouvelle loi sur les signes religieux, paru dans *Marianne* le 22 mars, recueille près de 21 000 signataires, parmi lesquelles des hommes politiques (Jeannette Bougrab, Jacques Toubon, Jean-Michel Baylet, Jean Glavany), des intellectuels (Elisabeth Badinter, Abdennour Bidar, Alain Finkielkraut). Il interroge : « Impérative pour la puissance publique, la laïcité serait interdite aux citoyens et aux structures privées ? » La confusion semble totale.

D'ailleurs, le 8 avril, lors de l'installation d'un Observatoire de la laïcité présidé par Jean-Louis Bianco, François Hollande lui-même demande à cette nouvelle structure de formuler des propositions relatives à « la question de la définition et de l'encadrement de la laïcité ». Serait-ce fini ?

Non, bien sûr ! À la rentrée scolaire suivante, la Charte de la laïcité à l'École, élaborée à l'intention des personnels, des élèves et de l'ensemble de la communauté éducative, est présentée par le ministre de l'éducation nationale le 9 septembre. Elle fait débat durant quelques jours pour tomber ensuite… dans l'oubli.

Oubli ? Loin de là. Quelques mois après, en janvier 2014, dans le cadre des enseignements en maternelle de « la » théorie du *gender* – mise au singulier par ses détracteurs pour la dénaturer –, des parents, sur fond de convictions religieuses et effrayés par des rumeurs diffusées sur la toile, retirent leurs enfants de l'école. Le ministre répond en arguant « l'obligation scolaire »…

Quand cela va-t-il donc s'arrêter ? Pourquoi la laïcité fait-elle toujours débat ? Quels en sont précisément les principes ? Connaît-on vraiment ses origines ? Pourquoi est-ce l'islam et l'école, parfois les deux conjugués, qui déclenchent si souvent la polémique ? Mais finalement, peut-on définir la laïcité ?

Qui mieux qu'Émile Poulat pouvait nous donner de meilleures réponses à ces questions, qui ne finiront pas de nous tarauder tant que nous ne prendrons pas le temps de nous y arrêter ?

Lyonnais d'origine, Émile Poulat, du haut de ses 92 ans, répond à nos questions en tant que directeur d'études à l'École des hautes études en sciences sociales (EHESS). Également directeur de recherche au CNRS, il est l'historien de l'Église contemporaine. Membre fondateur du Groupe de sociologie des religions, directeur et membre des comités de rédaction de plusieurs revues dont *Politica hermetica*, il n'a cessé de faire des recherches sur le fait religieux en régime de modernité.

Plus précisément, il s'intéresse aux conflits entre culture religieuse et culture moderne dans l'histoire de la France contemporaine. À ce titre, la laïcité y joue le premier rôle. Sociologue, historien et juriste, il nous répond en refusant l'enfermement des catégories grâce à sa curiosité interdisciplinaire et en dehors des modes de l'instant. Il sait, au fil des entretiens, nous faire partager les fruits de son considérable et incessant travail, attestant d'une sagacité intemporelle.

Olivier Bobineau

Docteur de l'Institut d'Études Politiques de Paris – Sociologie

Bibliographie sélective

Études sur la tradition française de l'Association ouvrière, Paris, Minuit, 1955.

Les cahiers manuscrits de Fourier, Paris, Minuit, 1957.

Priests and Workers, An Anglo-French Discussion, Londres, SCM Press, 1961.

Le journal d'un prêtre d'après-demain (1902-1903) de l'Abbé Calippe, Paris, Casterman, 1961.

Histoire, dogme et critique de la crise moderniste, Casterman, 1962, 1979 ; Albin Michel, 1996.

Naissance des prêtres ouvriers, Paris, Casterman, 1965.

Intégrisme et catholicisme intégral, Paris, Casterman, 1969.

Catholicisme, démocratie et socialisme, Paris, Casterman, 1977.

Église contre bourgeoisie. Introduction au devenir du catholicisme actuel, Paris, Casterman, 1977 ; Paris, Berg international 2006.

Une Église ébranlée (1939-1978), Paris, Casterman, 1980.
Modernistica. Horizons, physionomies, débats, Paris, Nouvelles Éditions Latines, 1982.
L'ère postchrétienne, Paris, Flammarion, 1994.
La solution laïque et ses problèmes, Berg International, 1997.
Henri Desroche un passeur de frontières, Paris, L'Harmattan, 1997.
Les Prêtres ouvriers. Naissance et fin, Paris, Cerf, 1999.
L'université devant la mystique, Paris, Salvator, 1999.
Notre laïcité publique, Paris, Berg international, 2003.
La question religieuse et ses turbulences, Paris, Berg international, 2005.
La Séparation et les églises de l'Ouest, Paris, L'Harmattan, 2006.
Les Diocésaines, La Documentation française, 2007.
Aux carrefours stratégiques de l'Église de France, Paris, Berg International, 2009.
Scruter la loi de 1905. La République française et la Religion, Paris, Fayard, 2010.

Chapitre 1

Aux origines de la laïcité

Olivier Bobineau : Quand s'est formée la laïcité ?

Émile Poulat: La laïcité s'est formée au siècle des Lumières. Elle a donc marqué l'apparition d'une époque culturelle nouvelle en réaction contre la période antérieure qui était une période de catholicité. Surgit dès lors le paradoxe de la laïcité, parce que la catholicité était un régime d'exclusion : tous catholiques ! Qui ne l'était pas n'avait aucun droit, ou alors des droits limités. Ainsi en allait-il des Juifs, des protestants aussi, ou encore des francs-maçons qui étaient plus ou moins clandestins. La laïcité, au contraire, est une société qui donne place à tous. Un renversement des rapports de force a eu lieu au moment de la Révolution avec les qualités et les défauts des Lumières.

Le régime de catholicité en vigueur jusqu'en 1789 était un régime d'exclusion. Hormis l'édit de tolérance tardif pour les protestants et le ghetto juif, il fallait être catholique pour être français, alors que le régime de laïcité fait place à tous : en ce sens, il inclut. L'opposition entre les deux est, j'allais dire, structurelle. En droit français, au moins, nous sommes sortis du régime de catholicité. En réalité, des enquêtes précises seraient encore à conduire. J'ajoute que la tradition française parle plus de laïcisation des institutions et du droit. Le vocable de sécularisation désigne habituellement la société. Ceci pour éviter toute équivoque ou confusion. Historiquement, les laïcs sont vainqueurs. Ils ont pourtant dû inclure ceux qu'ils excluaient. Le régime de laïcité s'est mis en place peu à peu entre 1789 et 1905, sans parler des lois postérieures. Il est à la fois rupture et aboutissement des Lumières dont les politiques ont été la préfiguration en estimant que laisser la religion à elle-même était trop dangereux! D'où un espace non religieux pour que chaque religion y trouve sa place.

De fait, la révolution de 1789 pose la pleine liberté de conscience : « nul ne doit être inquiété pour ses opinions, même religieuses » selon l'article 10 de la Déclaration des droits de l'homme et du citoyen. Aux sources intellectuelles de cette idée de laïcité comme liberté de conscience se trouve la philosophie des Lumières et son combat pour supprimer toute discrimination, même religieuse, en ouvrant à tous l'espace public sans condition préalable d'orthodoxie. Il s'agit de passer d'un espace fermé en vertu de la vérité catholique, qui considère comme fausse toute autre religion, à un espace ouvert au nom des libertés reconnues à tous.

Mais l'idée de laïcité est, dès la révolution de 1789, ambivalente. Elle est l'aspiration de quelques esprits forts à conquérir leur place au soleil, toute leur place, qui ne le peuvent qu'en imposant un droit égal pour tous sans exception et donc même pour ceux de leurs adversaires qui s'y opposent! La religion catholique était le fondement moral du lien social, tandis que la laïcité définit un espace public ouvert à tous: il n'y a donc pas de symétrie entre catholicité et laïcité. L'Église catholique a continué à exister à l'intérieur ou à l'extérieur de la laïcité, mais elle a dû apprendre à faire place à d'autres qu'elle.

Bernadette Sauvaget : Au départ, la laïcité s'est opposée à la catholicité comme fondement des droits, si je comprends bien ?

EP : De fait, quand je parle de paradoxe, je veux dire que la laïcité inclut les non-laïcs. Elle est structurellement ambivalente dès le départ. Elle s'oppose à la catholicité, alors même qu'elle va être amenée à inclure les catholiques ! Elle est inclusive, en quelque sorte. Elle inclut ceux qui la combattent.

OB : Quelle place donnez-vous aux « politiques », intellectuels protestants, et quelques catholiques aussi, après les guerres de religion ?

EP : Ce sont eux qui sont au fondement de la laïcité ! Les politiques, à la fin du XVIe siècle, ont fondé notre laïcité contemporaine. Ils se présentaient comme émancipés vis-à-vis de la catholicité. C'étaient les premiers penseurs laïcs. Je pense à Michel de l'Hospital, Montaigne, etc. Les « politiques » sont ceux que l'on a désigné sous l'expression « le Tiers-Parti », lui qui refusa la catholicité et les guerres de religion entre protestants et catholiques. C'étaient des hommes de paix qui pensaient que la paix sociale ne pouvait être laissée entre les mains des ministres du culte. En d'autres termes, la paix est trop importante pour la laisser aux mains des religions. Je décris ici les fondements philosophiques et juridiques de la laïcité. Nous sommes là sur les débats difficiles autour du droit naturel qui, pour les catholiques, est conforme au droit catholique et qui, pour les autres, est un affranchissement de la maîtrise catholique. Grâce à Louis XIV et à Richelieu, dans son testament politique, un nouveau concept de souveraineté se fit jour. Le grand problème, qui se débattait dès lors, n'était plus tellement celui de la souveraineté, mais plutôt celui de la suprématie de l'État ou de Dieu. D'ailleurs, pour résoudre cette question du côté catholique, le cardinal de Bérulle, religieux fondateur de l'Oratoire de France, inventa la notion de l'Être suprême. Dieu n'est pas souverain, au-dessus de toutes les souverainetés, Dieu est suprême. En l'occurrence, il transcende toutes les souverainetés, comme celle de l'État. C'était là un retour des prétentions catholiques. « Les politiques » ont tout de même gagné leur espace, mais ils n'ont pas supprimé toutes les prétentions contre lesquelles ils se battaient. Ainsi, tout un régime de droit a pu s'établir cependant différent du régime de chrétienté. Les droits de l'homme sont nés à cette époque-là ou plutôt les prémisses, à la fin du XVIe siècle. C'est une chose peu connue ! Tout ce courant humaniste refusa la chrétienté qui était, en fait, un régime d'unanimisme. Les Lumières se situent dans la foulée ! Nous avons là, avec Montaigne et quelques autres, comme les « pères spirituels[1] » des Lumières et de la laïcité !

BS : Les guerres de religion peuvent-elles être considérées alors comme le grand traumatisme de la société française ?

EP : Qui se souvient aujourd'hui des guerres de religion ? À part les manuels scolaires ! Ce n'est pas tellement mieux que la « grande guerre » ou même la guerre de 1870 ! Reste évidemment un imaginaire… On aurait besoin d'enquêtes fines aujourd'hui pour savoir où en sont les gens et quel est leur niveau de culture sur ces questions. Pour ce qui est des structures intellectuelles collectives, il est évident qu'elles demeurent

1. Voir la note explicative en fin d'ouvrage : « Les pères spirituels de l'idée de laïcité ».

fondamentales. Nous vivons encore dans une société qui reste pilotée par toutes ces guerres depuis plusieurs siècles. La grande explosion de la révolution française a tout recouvert et assumé : les gens parlent beaucoup plus de la Révolution que de ce qui l'a précédée. Le souvenir de la Révolution – et de la Contre-Révolution – est devenu la culture dominante, sauf pour quelques personnes averties.

BS : L'histoire de la laïcité est tronquée, alors ? Beaucoup de gens situent la Révolution comme l'événement majeur, ce qui n'est pas votre cas… Il y a eu des germes plus anciens, n'est-ce pas ?

EP: Oui. Avant la Révolution existait une laïcité minoritaire, et même, pour être plus précis, un conglomérat de minorités : Juifs, francs-maçons, protestants, humanistes, certains philosophes, etc. Mais après la révolution de 1789, ils ont vu revenir le catholicisme, religion d'État, avec Louis XVIII gouvernant le pays de 1815 à 1824!

OB: Et le gallicanisme? Il fut une contestation du catholicisme en son sein.

EP: Attention! Le gallicanisme n'est pas une contestation[2]. L'évêque de Rome n'a aucun droit en France. Les évêques français sont soumis au droit français avec des droits reconnus par le droit français. L'évêque de Rome est un souverain. C'est d'ailleurs là où la notion de suprématie trouve sa place. L'évêque

2. Mot récent (Littré, 1882), le gallicanisme désigne un courant de pensée qui considère que: 1) les libertés de l'Église de France, anciennement appelée Église gallicane, l'emportent dans le royaume par rapport à celles du Saint-Siège, 2) le roi de France a plus de droit et de pouvoir sur l'Église gallicane que la papauté. Les gallicans s'opposent aux ultramontains, qui privilégient la papauté.

de Rome se présente en effet comme le Vicaire de l'Être suprême.

OB : Et sur la nomination des évêques ?

EP : Ils sont nommés par le pouvoir d'État. Rome donne l'investiture. Mais ce sont bien les pouvoirs publics qui les nomment. C'est une des raisons pour laquelle Émile Combes était opposé à la rupture du Concordat[3] de manière à garder la nomination des évêques

3. Dans le langage ecclésiastique, il s'agit d'une convention diplomatique entre le Saint-Siège et un État concernant le régime légal du culte catholique. On appelle régime concordataire, au sens strict, la mise en application de cette convention par l'État signataire, et au sens large, l'extension de ces dispositions à l'ensemble des cultes non catholiques (en tête, protestantisme, puis judaïsme). Cette application s'est faite par trois grandes voies : 1) règlements d'administration publique, 2) la pratique administrative, 3) la jurisprudence du Conseil d'État. Le langage commun parle d'Église concordataire pour

comme un droit public. On peut dire ainsi que le gallicanisme est la catholicité française. Dans les pays germaniques, la version de la laïcité est assez différente du gallicanisme. L'Allemagne a mis au point un régime de coexistence entre cultes, alors qu'en France le gallicanisme a toujours été la version dominante du catholicisme. Le gallicanisme est en tension permanente avec Rome.

---

désigner l'Église catholique placée dans cette situation.

Chapitre 2

La laïcité, du XIXe siècle à la loi de 1905

OB : Toujours du point de vue historique, parlons un peu de la laïcité au XIXᵉ siècle !

EP : N'oublions pas que le mot « laïcité » est d'invention tardive ! La loi de 1905 ignore le mot « laïcité ». Au début du XXᵉ siècle, ce mot est encore considéré comme un néologisme. Le mot apparaît dans les années 1870. Il faut attendre la loi du 15 mars 2005 pour que le mot « laïcité » fasse son apparition dans le texte de la loi. En France, la liberté de l'enseignement a toujours été une idée très républicaine contrairement à ce que beaucoup prétendent. La loi de 1905 sur la séparation de l'Église et de l'État n'est pas une loi scolaire.

OB : Justement, qu'est-ce que cette loi scolaire ?

EP : La loi scolaire, c'est l'ensemble des lois Ferry : l'école publique, laïque, gratuite et obligatoire est d'ailleurs une formulation malheureuse. Seule l'école communale est gratuite ! Chaque commune devait avoir une école, et on a pour cela beaucoup construit. Pour les petites classes des lycées qui relevaient de l'enseignement primaire, il fallait payer ! Cette situation a aujourd'hui disparu. L'école laïque n'a jamais été obligatoire, puisque l'enseignement privé a toujours été autorisé. Ce qui est obligatoire, ce n'est pas l'école, c'est l'instruction. On peut parfaitement faire l'instruction à domicile. Les parents peuvent se réserver l'instruction des enfants. Actuellement, il y a quelque sept mille enfants qui sont instruits dans leur famille sous contrôle de l'inspection publique. La formulation que je viens de citer relève donc, pour moi, du slogan politique.

OB : Parlons à présent de la loi de 1905. Quel en est le principe ?

EP : En effet, la loi 1905 est plus qu'un divorce entre l'État et l'Église : elle considère que la laïcité est une affaire de conscience *et* de société appelant à la liberté, appelée à la liberté. La conscience devient ainsi le troisième acteur, trop oublié, trop méconnu aux côtés de l'histoire de l'État et de l'Église. La loi pose le principe de la liberté de conscience qu'elle assure et du libre exercice public des cultes qu'elle garantit, mais qu'elle cesse de financer sur fonds publics. Elle offre donc un nouveau cadre juridique : le régime particulier des « associations cultuelles » au sein du régime général des associations régies par la loi de 1901. Elle règle, en outre, la question des biens et des personnes qui passent d'un régime concordataire à un régime de libre gestion par les cultes.

Au fond, la loi de 1905 nous fait passer de la pleine liberté de conscience issue de la révolution de 1789 à la pleine liberté de religion avec la fin des « cultes reconnus[4]. » Auparavant, la religion catholique était publique, une affaire d'État, et la liberté de conscience une affaire privée. C'est désormais l'inverse : la religion est privée, et la liberté de conscience est publique, assurée par l'État. La laïcité est la lutte pour ce renversement de situation. Quand la religion catholique était publique, c'était la porte fermée à tout ce qui n'était pas elle ; quand la liberté de conscience

4. Sous l'Ancien Régime, seul le culte catholique était admis à s'exercer publiquement, sous réserve de quelques situations particulières. En ce sens, le régime concordataire a établi le système dit des « quatre cultes » : catholique, luthérien, réformé ou calviniste et israélite. Pour la première fois, dans l'histoire de France, la loi de 1905 pose le principe d'une pleine et entière liberté pour tous en ce domaine.

devient publique, c'est la porte ouverte à tout ce qui s'en réclame, et donc la garantie du libre exercice public de toute religion. Une vraie révolution culturelle !

OB : Quel est le contexte de la loi de 1905 ? Qui oppose-t-elle ?

EP : Cette loi de 1905 divise, non seulement les républicains entre ceux qui voient en elle une loi de combat (Combes, Viviani) ou une loi de pacification (Briand, Jaurès), mais aussi les catholiques entre partisans et adversaires de son acceptation. Pie X tranche : non à l'État. L'apaisement se fait en trois temps. Briand précise dès 1907 que les associations cultuelles ne sont pas un passage obligé pour l'exercice légal du culte. La jurisprudence du Conseil d'État va se montrer respectueuse des règles d'organisation de l'Église catholique. Enfin, dernier temps, Pie XI obtient en 1923 du gouvernement Poincaré, des garanties suffisantes pour autoriser les associations cultuelles diocésaines, les relations ayant été rétablies entre la France et le Saint-Siège depuis 1921.

OB : Pourquoi a-t-elle comme intitulé « loi de séparation des Églises et de l'État » ?

EP: Encore une formule qui me laisse sceptique ! À aucun moment la loi de 1905 n'utilise le mot « séparation » sinon dans son intitulé. Concrètement, la prétendue séparation n'est que la suppression du budget et de l'administration des cultes. On parle souvent de cette loi de façon beaucoup trop générale, alors qu'elle n'est qu'une limitation qui porte sur les deux points que je viens de nommer. Selon les circonstances, l'administration des cultes fut rattachée à différents ministères. Des questions financières ont présidé à cette suppression. L'argent a été redistribué aux communes pour montrer que l'État ne s'enrichissait pas. Cette redistribution a cessé en 1934-35 car, depuis la dévaluation de Poincaré en 1925, il n'y avait plus grand-chose dans les caisses. Il s'agissait de payer les ministres du culte et de s'occuper de l'entretien des bâtiments, soit 10 %. Périodiquement, depuis le XIXe siècle, des parlementaires de gauche demandaient la suppression de ce budget. Il faut absolument ajouter que le terme de *séparation* me semble très problématique. Depuis la Révolution, les communes sont propriétaires des églises. Un député avait même souhaité que l'on profitât de la loi de 1905 pour rendre les églises à l'Église. Mais la majorité parlementaire a refusé de faire ce cadeau à l'Église! Il faut attendre la loi de 1907 pour obtenir les associations cultuelles qui demandent aux communes d'entretenir les églises.

Je rappelle que très peu de monde se préoccupait du sort des protestants et des Juifs. C'est le sort de l'Église catholique qui focalisait l'attention. Mais l'Église catholique, via l'encyclique de Pie X *Vehementer nos* en 1906, rejette la possibilité d'entrer dans le cadre de la loi de 1905. L'expression de séparation entre Églises et État est, elle aussi, une expression abusive car, en réalité, de séparation *stricto sensu* il n'y a pas: les communes restent propriétaires des églises paroissiales et l'État reste propriétaire des cathédrales. La loi a même créé le délit de messe non autorisée qui a envoyé des prêtres en prison. Cette disposition fut active durant six mois environ. Toute messe devait être déclarée au préalable comme toute réunion publique. La loi de 1907 a supprimé cette autorisation pour les réunions publiques. C'étaient donc les libertés publiques qui furent ici gagnantes. La suppression du budget des cultes s'est faite dans beaucoup de confusion : les gens voulaient la séparation qui déjà était devenue un slogan. Émile Combes a été désavoué par ses collègues parlementaires. Il voulait se garder la nomination des évêques et conséquemment s'était prononcé pour le maintien du régime concordataire. Une fois le ministère Combes tombé, le ministère suivant, qui a voté la loi, a renoncé à conserver ce contrôle, notamment parce que l'Église catholique et les parlementaires de droite s'y étaient opposés.

BS : Et faut-il toiletter cette loi ?

EP : Cette loi, *in fine,* satisfait tout le monde : plus importante que la loi, on le voit bien, est l'application de la loi. Je sais bien qu'on a envisagé de la modifier ou de la compléter – et d'ailleurs pourquoi pas ! – pour faire face à des situations nouvelles, mais le principe de fond est maintenu. La commission Machelon[5] n'a pas abouti. Historiquement, le budget des cultes était important pour les petits diocèses ruraux, mais pas pour les gros diocèses urbains. Les petits diocèses furent, en effet, les vraies victimes. Les autres disposaient de ressources suffisantes. Le bureau central des cultes a pris le relais rattaché à différents ministères mais généralement à l'Intérieur.

Cette loi, finalement, fonctionne bien sur le fond. Elle s'applique à différents niveaux : par département, compar-

5. Créée en 2005 dans le cadre du 100e anniversaire de la séparation des Églises et de l'État par Nicolas Sarkozy, alors Ministre d'État, Ministre de l'Intérieur et de l'Aménagement du territoire, la commission Machelon a eu pour mission d'étudier les relations des différents cultes avec le pouvoir en France.

timent et appartement. Par département, chacun peut comprendre ! Pensons au régime des DOM-TOM ! Par compartiment, je veux dire que la laïcité à l'école ce n'est pas la même chose que la laïcité du culte. Par appartement, signifie qu'il existe une laïcité publique et une laïcité privée et familiale et la pratique de la foi au sein de la vie de famille[6].

6. Voir E. Poulat, *Liberté. Laïcité. La guerre des deux France et le principe de la modernité*, Paris, Cerf/Cujas, 1988 ; *Notre laïcité publique. « La France est une République laïque »*, Berg International Éditeurs, 2003.

Chapitre 3

La laïcité à la fin du XXe siècle : les débats sur l'islam et l'école

BS : Comment percevez-vous le débat polémique et virulent sur l'islam aujourd'hui en France ?

EP: C'est un débat naturel à partir du moment où les Français se sentent menacés par l'invasion étrangère. Nous sommes aujourd'hui fascinés par le conflit avec l'islam mais personne ne se souvient que ce conflit a eu lieu dans l'entre deux-guerres avec les Espagnols (compliqué par la guerre civile espagnole) et les Italiens (compliqué par le fascisme). C'est le phénomène d'immigration massive qui interroge. Nous avons peur d'être expulsés de chez nous. C'est ce que je perçois de l'opinion. Il appartient aux pouvoirs publics de régler un conflit public. La société française a déjà connu ces crispations identitaires. Pour les Polonais, il y a eu moins d'opposition car ils étaient les esclaves de la société française dans les bassins miniers. Espagnols et Italiens étaient plutôt dans le Sud où il y avait moins de mines qu'il n'y en avait au Nord[7]. Statistiquement, le phénomène actuel est arabe. Encore faudrait-il y regarder de plus près. Les Kabyles ont beaucoup compté aussi. La dimension première du débat est maintenue, à mon avis, aujourd'hui : la peur des « Bougnouls ». L'islam est la seule immigration de masse que nous connaissons actuellement d'où cette mise en avant incessante dans le débat public. Nous sommes face à un problème religieux posé par un problème migratoire. Du temps de l'Algérie française, en apparence, tout semblait bien aller du point de vue des Algériens français. L'Algérie est quand même une terre d'islam avec trois diocèses catholiques que l'indépendance n'a pas remis en cause. Les Espagnols,

7. Voir aussi S. Bonnet, *Sociologie politique et religieuse de la Lorraine*, Paris, A. Colin.

les Italiens et les Polonais étaient catholiques. Le problème religieux ne s'est pas posé.

OB : Alors pourquoi mettre en avant le problème religieux de l'islam à partir des années 1990 ? La première génération qui arriva ne posait pas de problème : elle pouvait prier dans des chapelles, par exemple.

EP : Elle n'a pas de chapelle justement ! Enfin, pas de lieu de culte. C'est là où on nous met sous les yeux les photos des musulmans priant dans la rue. L'accueil catholique dans les salles paroissiales ne suffit pas à résoudre le problème. C'est juste une suppléance. Et ce n'est pas à l'Église catholique de résoudre ce problème. C'est le rôle de l'État.

OB : Mais, tout de même, l'affaire du voile ! La viande de porc, le hallal, le collège de Creil…

EP : Précisément : il y a contamination entre ces deux dimensions que je viens d'évoquer.

BS : Aujourd'hui, ce n'est plus seulement un problème migratoire !

EP : Certes, mais l'aspect migratoire a soulevé des questions qui ne sont toujours pas résolues. Les effets posés par ce flux demeurent. Par exemple, combien de mosquées en France pour le nombre de musulmans ? L'islam s'est longtemps réduit à la grande mosquée de Paris. Quand la marée se retire, il y a ce qu'elle laisse sur le sable. Nous sommes dans une société laïque qui a pensé résoudre le problème catholique et on doit à présent affronter le problème musulman. C'est ce qui n'avait pas été prévu en 1905. L'irruption de l'islam oblige à bien savoir de quoi on parle en matière de laïcité. Or, souvent, on ne sait pas trop de quoi on parle à travers ce vocable. Il y a deux problèmes spécifiques : le scolaire et le cultuel. Ceux qui pensent résoudre le premier ignorent, en général, le second. C'est pourtant un tout. La loi de 1905 fait place à tous les cultes. Disant cela, elle pose des principes, mais rien n'est concrètement résolu.

BS : Sommes-nous depuis trente ans face à une situation inédite d'installation d'une nouvelle religion en France ?

EP: Oui. Jusqu'à présent nous vivions dans un régime de catholicité. La France n'a connu que cela. L'Église catholique a été le gros morceau, si je puis dire, de la loi de 1905. Restaient, bien sûr, des niches et des coins ! L'installation de l'islam représente en effet une situation exceptionnelle. Le protestantisme se battait de façon interne avec le catholicisme : c'était une guerre intestine. De fait, ce n'était pas un corps étranger. Nous sommes aujourd'hui face à une culture étrangère dans une langue étrangère avec une mémoire coloniale. Personne ne lit l'arabe sauf quelques spécialistes qui ne lisent pas tout le temps l'arabe populaire. Le sentiment de corps étranger s'en trouve accru. C'est un monde étrange plus qu'étranger. Regardez combien vous avez de clochers en France et combien vous avez de minarets ! Paris, Marseille, Evry, et l'un ou l'autre : c'est peu !

BS : L'islam remet-il en cause le pacte laïc républicain auquel l'Église catholique via le rapport Dagens[8] s'était ralliée ?

EP : Cela ne veut pas dire grand-chose. Dans la communauté musulmane, tout le monde est loin d'être d'accord sur ce qu'il conviendrait de faire. Les catholiques étaient opposés à la loi de 1905 lors de sa parution. De nos jours, tous les évêques pensent qu'elle est correcte. C'est l'application de la loi qui a permis de se rendre compte que, pour le culte, les choses pouvaient bien se passer. Les

8. Mgr Claude Dagens, évêque d'Angoulême, a rédigé un rapport important en 1994 sur la place de l'Église dans la société française un siècle après la loi de séparation de l'Église et de l'État. Il y analyse le défi que représente la proposition de la foi dans la société française. Ces rapports ont fait l'objet d'une *Lettre des évêques aux catholiques de France* en 1996. Il reprend ces différents éléments dans *La nouveauté chrétienne dans la société française, espoirs et combats d'un évêque* publié en 2005.

musulmans, dont beaucoup défient la loi de 1905, ne la connaissent pas bien. Ensuite, ils redoutent l'intervention de l'État. Les catholiques avaient peur aussi, puis ont compris que cette peur était infondée. Au Quai d'Orsay, le catholicisme était utilisé comme moyen d'influence française à l'étranger. Pour la loi de 1905, l'intervention de l'État du côté catholique s'est réduite au Bureau central des cultes ! Pas de quoi avoir peur !

BS : En 2010[9], on a voté une loi contre le port du voile intégral dans l'espace public. Cela se justifie-t-il selon vous dans le cadre de la laïcité ?

EP : Cela n'a pas à se légitimer au nom de la laïcité mais en soi ! Aucune raison

9. La loi du 11 octobre 2010 interdisant la dissimulation du visage dans l'espace public est une loi entrée en vigueur six mois après sa promulgation, à compter du 11 avril 2011.

d'invoquer la laïcité sur ce sujet. Il suffit d'une loi qui soit dans la nature des choses, ce qui est bien le cas de la loi de 2010. Pas besoin d'aller chercher la laïcité. Le seul principe, c'est que chacun doit être identifiable en permanence. La meilleure preuve est que l'interdit du voile intégral dans les autres pays européens n'a pas été posé spécialement au nom de la laïcité. Si les gens en font une question religieuse, je dirais que le problème est alors inversé : on tombe dans le domaine de l'opinion où l'on trouve tout et son contraire ! L'abattage rituel, par exemple, est légalisé. Il pose des problèmes qui ne relèvent pas non plus de la laïcité, à commencer par les conditions d'abattage. Ce n'est pas l'abattage rituel qui nécessite l'intervention de la loi mais sa mise en œuvre. La laïcité ne vous interdit pas de croire en Dieu mais s'intéresse à la manière dont vous pratiquez cette croyance.

BS : Y a-t-il, selon vous, une instrumentalisation de la laïcité dans le débat à propos de l'islam ?

EP: Prenons du champ ! La laïcité, je vous le rappelle, consiste dans le fait qu'il n'y a plus de religion officielle et qu'il y a place pour tous les cultes. Il faut cesser de confondre les différentes formes de laïcité : la laïcité scolaire ne se résout pas comme la laïcité cultuelle. Le cœur de cible, pourrait-on dire, c'est que l'on est passé d'un régime de monopole avec la catholicité à un régime qui fait place à tous, à savoir la laïcité. Il y a place pour la liberté de conscience, pour ceux qui ne pensent pas comme moi : c'est là un effet direct de la laïcité. Cela suppose la fin du monopole. Les problèmes que cela soulève éventuellement sont résolus pour eux-mêmes concrètement. C'est le cas par exemple de la cantine scolaire. Les spécialistes de la laïcité n'ont pas pensé à ce type de problèmes : faut-il servir dans des assiettes, dans du tout préparé avant, etc. ? Les menus « hallal » à l'école publique relèvent de la liberté de conscience et du respect des croyances. Pensons aussi à la cuisine casher avec ses repas à part, quand j'allais aux rencontres de Sant' Egidio !

L'école de la République n'a pas à s'encombrer de problèmes théoriques et doctrinaux. On adore se battre, de fait. Tout devient occasion de conflit. Sous l'aspect strict de la laïcité, ces questions ne valent pas les passions qu'on y met souvent. La laïcité est une culture qui permet l'intégration de tout le monde mais qui ne peut la garantir. La preuve ! La laïcité n'empêchera jamais personne de se battre. C'est un lieu qui permet mais qui ne garantit pas. C'est un dispositif fondamental qui fait place à tous. Ni plus ni moins. A partir de là commence l'histoire réelle. La laïcité est structurellement ambiguë dans la mesure où elle inclut ceux qui l'excluent : dès lors, comment vivre ensemble ? Les catholiques souhaitent-ils reprendre le monopole et l'exclusivité ? Ou vont-ils accepter d'entrer dans le jeu de la laïcité ? Les musulmans vont-ils accepter de faire partie d'une société où il y a place pour tout le monde ? Nous vivons sur une conception religieuse qui est, en fait, abrogée. Je pense au maigre du vendredi dans les cantines, au poisson ! Le milieu laïc poursuit une pratique religieuse disparue, y compris pour une raison alimentaire ! Regardons pourquoi on continue ! C'est devenu purement culturel. Bien des débats où on invoque la laïcité se réfère à un fonds culturel ancien, alors qu'on n'analyse pas la réalité présente.

La peur de l'islam, c'est que les musulmans s'incrustent, comme on dit.

Les revendications sont soigneusement gommées quand on place le débat à un niveau idéologique. On fait appel à l'idéologie au moment où on demande des piscines séparées ! Ce n'est pas non plus un problème de laïcité, à mon sens. Ce sont des problèmes de réglementation sociale. Le fait de ne pas se promener nu dans la rue ne relève pas de la laïcité, que je sache ! Se couvrir un peu plus n'est pas un problème de laïcité. Nous sommes dans un pays où toute personne doit être reconnue dans la rue : c'est une norme sociale. Comment la justifier ? Ne pouvant pas invoquer l'islam, on invoque la laïcité. Mais ce n'est rien de plus qu'une norme sociale. On ne peut invoquer la laïcité pour refuser les piscines et les horaires séparés. Ou inversement. Je refuse d'utiliser des termes plus techniques et inutilement compliqués pour parler de la laïcité. À son sujet, on se donne souvent des raisons idéologiques, parce qu'elles sont plus faciles à manier. Pas moi.

BS : Je voudrais avoir votre sentiment sur la récente charte de la laïcité. Le principe d'une telle charte et son opportunité vous semblent-t-ils clairs en tant que décision politique ?

EP: Beaucoup d'actes dits politiques sont arbitraires ! La charte ne manquera pas d'être recouverte par d'autres documents qui suivront inévitablement. C'est le sort de la plupart de ces textes. Elle sera sûrement affichée de telle manière que personne ne pourra la lire ! Une charte devrait tenir en dix lignes. Qui se souvient aujourd'hui de cette charte qui n'a que quelques mois d'existence ?

OB : Je vous lis l'article 12, alinéa 2 : « aucun élève ne peut invoquer une conviction religieuse ou politique pour contester à un enseignant le droit d'enseigner. » Qu'en pensez-vous ?

EP : On peut supprimer tous les adjectifs ! Aucun élève ne peut contester le droit d'enseigner ! C'est cela le vrai problème. Après tout, on pourrait aussi invoquer des raisons économiques ou théoriques pour contester le programme ! Pensons à l'époque du marxisme prédominant ! Qu'aurait-on dit alors ? La charte de la laïcité me semble très bien concernant ceux qui dispensent l'enseignement. Je fais tout de même remarquer que dans l'enseignement supérieur les choses se passent autrement que dans le secondaire. En y réfléchissant, franchement, je trouve que quelque chose aurait pu être dit à propos de l'économie et de l'ultralibéralisme. Je sais bien qu'habituellement l'économie n'est pas considérée comme une source de débat et que nous acceptons le régime dans lequel nous vivons, mais c'est un tort.

BS : N'est-ce pas un coup de communication politique, avant tout ?

EP: Certainement. Le début de la charte est constitutionnel. Le premier article se place au niveau constitutionnel mais le deuxième ne l'est déjà plus. Gênant ! On amalgame des textes de différents niveaux. Et puis on trouve une assez bonne définition de la laïcité que j'aurais plutôt mise au tout début. C'est assez mal organisé. Je souligne un point qui me semble à discuter : l'espace public n'est pas « neutre » de convictions. Le terme est mal choisi. Il abstrait trop la question. Les acteurs de la laïcité peuvent faire valoir leurs convictions et divergences dans l'espace pour tous qu'est la laïcité. Elle est aussi, en ce sens, un lieu de communication. L'exercice public de la laïcité est la manière dont se passe le jeu des acteurs. En effet, cela peut malheureusement se passer très mal dans l'ignorance mutuelle, alors que la laïcité requiert le respect mutuel. La laïcité n'est pas la privatisation de la foi mais la publicisation du culte. Je veux dire par là que la laïcité concerne le culte public et non le culte privé. Je vois à quel point le culte public est libre, tandis qu'en régime de catholicité seul le culte catholique était autorisé. À Paris *intra muros*, tout temple protestant était interdit jusqu'en 1789. Le culte privé est régi par des principes personnels qui ne relèvent pas de la laïcité. Je sais que cela étonne quand je dis cela, mais je répète qu'il s'agit uniquement du culte public : *stricto sensu*, la laïcité règle le culte public. On peut ainsi prendre l'exemple des sectes, exemple fort compliqué dont on n'a rien pu dire de clair en France depuis vingt ans. Qu'est-ce qu'une secte ? Personne n'en parle plus ! C'est tout de même très étrange ! Où sont-elles donc passées ? Cela a été un gros débat sans effet… Où sont les enquêtes ? Qui lit le rapport annuel de la Miviludes[10] ? Les rapports se fondent sur des articles de presse et non sur des enquêtes. Le débat sur l'islam a tout occulté. Pour une part, la société française se fait peur avec le religieux.

10. La Mission interministérielle de vigilance et de lutte contre les dérives sectaires (MIVILUDES) est un organisme de l'État français ayant comme mission d'observer et d'analyser le phénomène des dérives sectaires. Elle a été créée en 2002 en remplacement de la Mission interministérielle de lutte contre les sectes (MILS).

BS : Vous pensez que la laïcité à l'école est un enjeu spécifique ?

EP: Absolument. On le traite comme tel, différemment du culte. Le problème du culte est un problème entre croyants. La question scolaire, c'est le rapport entre croyants et incroyants dans l'espace de l'école. Les principes sont certes les mêmes mais je préfère toujours ramener au réel ! C'est le « entre » qu'il faut étudier. L'école publique s'est longtemps appelée l'école communale. Il n'y a plus d'école communale de nos jours. Les lois Jules Ferry (1881-1882) créèrent la liberté de l'enseignement primaire et la loi Falloux (1850) créa la liberté de l'enseignement secondaire.

BS : Existe-t-il un enjeu de laïcité à l'école aujourd'hui ?

Il n'y a pas à proprement parler d'enjeu de laïcité à l'école. L'affaire du voile est un psychodrame qui se justifie de lui-même, si j'ose dire, comme tous les psychodrames. Pour moi, nous assistons là à un changement de norme sociale et c'est tout. Car il fut un temps où il n'était pas admissible qu'une femme sortît sans se couvrir les cheveux !

BS : Pourtant ces jeunes filles justifient leur attitude de façon religieuse comme une expression de leur liberté religieuse !

Certes. Je ne nie pas que nous soyons là face à un conflit entre la norme sociale exigée par l'école et le choix religieux de ces jeunes filles. La norme sociale demandée par l'école ne me paraît pas relever de la laïcité. Il fut un temps, je le redis, où les femmes devaient être couvertes. Toute variation de la norme sociale suppose un espace laïc mais n'est pas une conséquence de la laïcité. Ces jeunes filles tiennent souvent un monologue. C'est un problème de négociation qu'on réussit ou pas ! Que faire devant deux intolérances ? Car il s'agit bien de cela. Ces intolérances sous des formes diluées ou aiguës n'en finissent pas de renaître. La tolérance consiste à accepter qu'un autre ne pense pas comme moi. Ce qui caractérise l'intolérance, c'est qu'elle soit toujours entre deux personnes ou deux conceptions. Or, la tolérance est toujours extérieure à ce choc binaire : je ne suis pas partie prenante de l'intolérance que je rencontre. Ce n'est pas pour moi manière de fuir. C'est d'abord un fait de société.

OB : Vous vous définiriez alors comme un spectateur engagé ?

EP: Oh, non ! Cette expression n'est pas mienne en raison de ses nombreuses équivoques. Je ne suis pas un homme de pouvoir. L'intellectuel que je suis n'a pas été beaucoup dérangé durant sa vie par les responsables politiques ! Je commencerai par dire qu'il convient de s'assurer que tout le monde est d'accord sur le sens du mot « laïcité ». Je n'en suis pas si sûr. C'est l'école qui doit être laïque. L'école privée a bientôt deux siècles d'existence, ce qui veut dire que, probablement, les conceptions de la laïcité ne sont pas les mêmes pour ceux qui choisissent ce type d'école pour leurs enfants. L'école privée représente quelque chose que les parents ne pensent pas trouver dans l'école publique. C'est cela qu'il faut investiguer. Je note qu'on n'a jamais parlé d'école laïque : on a dit d'abord

« école communale » puis « école publique » mais jamais « école laïque ». Une religieuse de mes amis qui enseignait à l'école communale refusait que l'on parlât d'elle comme enseignante à l'école laïque ! Le fait que l'école soit laïque implique pour les élèves ce que j'appellerais un certain silence sur les questions religieuses car on ne permet pas la profession de foi dans ce cadre. Il ne faut pas non plus verser dans l'interdiction pure et simple de tout débat sur les questions religieuses. Les professeurs d'histoire savent bien qu'il serait stupide d'ignorer la composante fortement religieuse de l'histoire de France. Il faut la traiter de façon laïque.

BS : L'une des justifications de la charte de la laïcité se fait au nom de la contestation de la théorie de l'évolution, n'est-ce pas ?

EP: Oui. Et c'est devenu un gros problème, très désarmant. C'est un point de cristallisation de certains religieux dans la culture. Cette conviction religieuse désarme. Les deux positions sous forme de deux intolérances s'excluent mutuellement. Il n'y a pas de débat réel. Déjà, Darwin et le darwinisme, ce n'est pas tout à fait identique. L'évolution des espèces a d'abord été un constat et un constat limité : Darwin n'a jamais vu un mouton se transformer en vache ! En revanche, il a constaté une évolution intraspécifique. La question est devenue épineuse lorsque le débat a pris une allure extra-scientifique. La généralisation de l'évolution extra-scientifique a tout perturbé. Le professeur expose le darwinisme sans faire du darwinisme sa propre conception pas plus que le créationnisme. Le professeur ne défend pas l'une ou l'autre théorie : il a juste la charge de les exposer.

***OB :* Sauf qu'actuellement le professeur n'expose pas le créationnisme !**

EP : De fait ! Il y a une sorte d'interdit inacceptable du point de vue de la laïcité. Les deux théories s'affrontent : évolutionnisme et créationnisme. On peut avoir un créationnisme évolutionniste mais il est plus compliqué d'avoir un évolutionnisme créationniste ! En ce sens, elles ne sont pas sur le même plan. L'évolutionnisme relève d'une théorisation générale et philosophique. Le créationnisme ne se justifie pas dans une culture scientifique mais, de fait, il est justifiable dans un espace laïc où la science est une des formes de rapport à la vérité. Une culture scientifique travaille sur l'analyse des causes secondes. Le créationnisme se réfère à la cause première qui est Dieu. Or, aucun discours scientifique ne peut se référer à Dieu. Les causes secondes, c'est l'enchaînement des causes dont s'occupe la science. Il y a au départ un athéisme scientifique qui entre en conflit avec le créationnisme. On aurait tort, je crois, d'en rester à la neutralité axiologique de la science. L'athéisme scientifique, si mon expression n'est pas trop forte, est une position doctrinale qui relève, en quelque sorte, de la croyance. De fait, la science commence par exclure Dieu. Elle ne peut se constituer qu'en ignorant Dieu. Certes, il existe un bon nombre de tentatives pour raccrocher la science et Dieu. Je pense ici au positivisme d'Auguste Comte qui a marqué les esprits.

BS. : Certaines parties de l'Église catholique évoquent le danger du laïcisme. Qu'en pensez-vous ? Qu'évoque ce terme pour vous ?

Ce terme est idéologique. C'est une conception qui n'est pas la mienne, qui n'est pas catholique, si je puis dire! De fait, deux conceptions de la laïcité s'opposent, que ce soit en régime laïc ou pas. Il y a, disons, le parti catholique ou clérical – celui des évêques quand ils se réunissent – et la ligue de l'enseignement. L'Église catholique veut toute sa place dans le régime de la laïcité, alors que la ligue de l'enseignement ne veut lui en accorder aucune. Cela dit, de nos jours, cette opposition s'est banalisée et n'est plus prioritaire. Il me semble que beaucoup de baptisés sont, en réalité, indifférents au régime actuel de laïcité. La conception catholique de la laïcité se trouve, par exemple, bien énoncée dans l'accord donné en 2005 par l'épiscopat français à la loi de 1905, ce qui prouve, d'ailleurs, que la laïcité ne se réduit pas à la loi! Nous sommes dans un temps de laïcité libérale. Personne ne remet en cause la liberté de conscience. Dans le régime de laïcité, l'expression publique de la foi personnelle peut avoir lieu. L'espace public n'est donc pas si neutre que cela pourvu que les pouvoirs publics aient donné leur accord pour manifester, par exemple. L'espace public est commun ; quand on sort de cet ordinaire, vous pouvez avoir toutes les autorisations imaginables. En ce sens, « renvoyer les curés à la sacristie », à savoir au seul culte, n'est pas une formule idoine ! Les processions mariales du 15 août ont ainsi été rétablies par la fraternité de Mgr Lefebvre. D'autres questions conflictuelles ne manquent pas de surgir sans remettre en cause le principe de laïcité.

La question de l'islam ne se pose pas directement en régime de laïcité mais seulement certains points nouveaux et limités comme les cantines scolaires dont je pense effectivement qu'il s'agit surtout de normes sociales. Il faudra éventuellement réguler certaines pratiques. Des usages sociaux sont en cause mais pas forcément la laïcité elle-même. Une discussion purement théorique ou doctrinale sur la laïcité ne fera rien avancer du tout, notamment quant aux problèmes concrets. On manque singulièrement de pragmatisme qui serait le meilleur conseiller : on parvient parfois à des compromis concrets sur la question des cantines scolaires !

Le pragmatique que je suis ne garantit pas qu'il réussira tout le temps, mais je trouve cela préférable à une loi générale. Une solution globale serait-elle applicable ? Je suis dubitatif. Le problème des piscines est plus compliqué. Les cantines sont juxtaposables, pas les piscines ! La solution d'autorité en faveur des piscines mixtes prévaut. Mais les faux problèmes abondent en matière de laïcité qui mettent en scène les querelleurs ! Les religions ne donnent pas de consignes! C'est plutôt du religieux privé ou le fait de quelques groupes. Autre sujet: les prières de rues qui sont dues essentiellement au manque de mosquées. Le sous-équipement religieux est flagrant. Vous avez compris que je préfère sur toutes ces questions les approches pragmatiques: c'est encore l'administration qui résout le mieux l'ensemble de ces difficultés sans déclencher une guerre civile. La situation liée à la présence de l'islam est tendue, voire chaude mais pas explosive. Elle restera chaude à l'avenir, je pense. En ce sens, le sondage qui nous apprend que les Français trouvent qu'il y a trop de musulmans sur le sol français ne m'étonne guère. N'oublions pas que ce sont les Français qui ont provoqué l'immigration musulmane! C'est nous qui les avons fait venir en leur promettant du travail et en leur faisant croire qu'après on les rembarquerait chez eux. C'était une vision un peu courte ! Nous payons l'héritage de ce problème qui était au début migratoire et non d'abord religieux ou culturel. Actuellement, le problème est devenu tout autant religieux et culturel. On prend les travailleurs avec leur religion !

OB : Pour finir, comment définir… la laïcité ?

EP: Je retiendrai quatre définitions de la laïcité.

La première est politique et structurelle : la laïcité, c'est le régime politique qui succède à la catholicité. La catholicité était exclusive : qui n'était pas catholique, c'est-à-dire juif et protestant, au royaume de France ou ne bénéficiait d'aucun droit, ou ne jouissait que de droits limités. La laïcité est inclusive : elle laisse de la place au soleil à tous.

La deuxième définition est juridique. Elle découle de la première : la laïcité, c'est la liberté publique de conscience pour tous et pour toutes, pour chacun et pour chacune.

La troisième est historique et provient de l'issue des guerres de religion en France : la laïcité, c'est la pacification des esprits par le droit.

Enfin, la dernière est philosophique : la laïcité, c'est l'émancipation des esprits par la raison, définition qui succède à la suivante et est aujourd'hui mise en avant dans l'opinion publique. Elle s'identifie aux Lumières à la française, aux philosophes, par opposition aux théologiens, et peut parfois, dans le débat public, s'opposer aux précédentes définitions.

En ce sens, cette conception de la laïcité, très française, peut conduire à désigner la religion comme l'ennemi, l'Église catholique autrefois, l'islam aujourd'hui. Elle s'oppose alors à la première définition, celle du régime politique qui prône la délibération entre tous. Elle s'oppose, en outre, à la deuxième définition, puisqu'elle cherche à limiter la pratique du culte dans l'espace public. Enfin, au nom de la raison, qui est conçue en France comme l'opposé de la croyance et de la foi, elle peut conduire à exciter les esprits par le droit en légiférant de manière à contraindre l'expression publique de la foi.

Note explicative

« Les pères spirituels de l'idée de la laïcité »

Émile Poulat mentionne les « pères spirituels » de l'idée de laïcité, que l'histoire a souvent mis au second plan. C'est pourquoi, nous proposons cette note qui vise à mieux saisir et comprendre l'importance de ces pères spirituels dans l'élaboration de la laïcité en France.

Il faut partir tout d'abord des violences religieuses du XVIe siècle qui ont lieu en France. Comme l'a magistralement démontré Denis Crouzet, la « violence religieuse » entre 1525 et 1610 explose en France, avec un pic de violence entre 1560 et 1572, dont l'acmé est la Saint-Barthélemy. De « barbarissimes violences » inconnues jusque-là en France – du moins, de mémoire d'hommes – sont commises sur une longue durée. Contrairement à d'autres pays européens où un confessionnalisme l'emporte sur l'autre[11], les catholiques et les protestants français s'entretuent et se massacrent sans qu'aucun ne parvienne à gagner.

D'un côté, la violence catholique selon une « trilogie traîner-brûler-lapider » est « une violence sacrale et purificatrice », « théophanique » contre « l'ennemi de Dieu » : l'hérétique huguenot. Possédés par Dieu et passionnés par ce combat contre le diable, « fusionnant avec Dieu en faisant don de soi », des catholiques, en souvenir d'une certaine fascination pour le temps des croisades, se déchaînent contre les entrailles et le bas-ventre des hérétiques impurs par leur foi, leurs paillardise, gourmandise

11. Sauf en Allemagne, où depuis la paix d'Augsbourg 1555 (25 septembre) s'est imposé le compromis confessionnel entre catholiques et luthériens selon la maxime *« cujus regio, ejus religio »* (la religion du pays est celle du Prince).

ou ivrognerie, habités par les puissances de Satan. Les enfants, symboles de pureté, vengent également la souillure diabolique qui menace la société tout entière[12]. À Provins, en octobre 1572, le protestant Jean Bellardel, dit Crespin, qui vient d'être accusé, jugé et pendu pour viols, est laissé à la merci des « enfants de moins de douze ans ». Après avoir mis des cordes aux membres du cadavre, ils débattent à l'image de leurs aînés, entre eux, afin de savoir par quelles cordes il va être traîné. Une fois les « plaidoiries » effectuées, le verdict des enfants tombe : il sera traîné par les pieds puis jeté dans un feu, anticipant en cela le feu de l'Enfer. Cette violence ne connaît aucune limite dans les faits.

---

12. D. Crouzet, *Les guerriers de Dieu. La violence au temps des troubles de religion. Vers 1525-vers 1610*, Livre premier, Paris, Champ Vallon, 1990, p. 77-78 et p. 83-85.

Tel le massacre de nourrissons qui se combine à la nécrophilie, avec en arrière-plan un surgissement souterrain de certains textes sacrés, inscrits au « fonds de nos mémoires » (Pierre Chaunu)[13]. Des femmes dépouillées, essorillées parce qu'impures et impudiques telles des prostituées, sont ainsi tuées puis violées. À Meaux, en 1563, un enfant arraché des bras de sa mère est « froissé contre la muraille en prononçant ces mots : par la mort de Dieu, il nous faut perdre la

13. Notamment les textes suivants : Isaïe, 13,18 : « Avec leurs arcs, ils abattront les jeunes gens, ils n'épargneront pas les nouveaux-nés et seront sans pitié pour les enfants » ; Osée, 14, 1 : « Samarie paiera pour ses crimes parce qu'elle s'est révoltée contre son Dieu, ses habitants mourront sous les coups de l'épée, ses bébés seront écrasés, et l'on fendra le ventre de ses femmes enceintes » ; Psaume 137, 8-9 : « Fille de Babylone, vouée à la ruine, heureux celui qui te rendra le mal que tu nous as fait ! Heureux celui qui saisira et brisera tes petits enfants contre la pierre ! »

race de ces huguenots ». Enceintes, des femmes sont fendues vives et leur bébé sortant la tête, est décapité ou dévoré par des jeunes gens : c'est le cas à Gaillac ou Montauban en 1572.

La violence catholique déchire le corps huguenot pour en sortir le Mal : ce qui a triomphé en l'homme contre Dieu doit être exterminé par tous les moyens[14]. Cette extirpation du mal nécessaire et indispensable à la survie de la société justifie, pour les catholiques, le fait que des corps soient déterrés dans les cimetières pour ne pas polluer la terre ou que « les papistes » réalisent des danses sur des cadavres. À Vire, du 4 au 8 septembre 1562, hommes et femmes piétinent les cadavres huguenots jusqu'à

14. D. Crouzet, *Les guerriers de Dieu. La violence au temps des troubles de religion. Vers 1525-vers 1610*, Livre premier, Paris, Champ Vallon, 1990, p. 245-247 et p. 251-254.

en extraire les tripes et boyaux au cri de « si quelqu'un vouloit acheter les tripes d'un huguenot ».

Aucune limite encore, lorsque des catholiques recourent à l'anthropophagie[15]. La transgression de l'interdit a lieu car il s'agit d'intégrer et de digérer l'impureté pour qu'elle périsse lors de sa confrontation au sacré, en l'homme qui l'ingère : c'est conforter la victoire de l'esprit sur la chair déformée, de l'éternité sur la mort. Le foie, un des lieux symboliques des passions en l'homme, est l'un des organes dévorés en priorité : dès le mois de décembre 1562, le bourreau de Carcassonne se distingue non seulement en écorchant cinq des huguenots exécutés, et en sciant tout vivant un autre, mais aussi en mangeant le foie de l'une de ses victimes.

---

15. *Ibid.*, p. 329-331.

Autre limite franchie par cette violence catholique, théophanique de l'unité : des actes scatologiques sur des huguenots morts, encouragés par « l'exemplarité des prêtres[16] ». Considérant qu'il est de leur devoir sacral d'éviter à tout prix que la « terre sainte » ne soit profanée par l'impureté d'un corps dont l'âme s'est rebellée contre Dieu, les catholiques empêchent les huguenots d'enterrer leurs morts. Pour éviter de rencontrer cette opposition violente, les protestants viennent inhumer les corps de nuit et clandestinement, ce qui n'empêche pas les fidèles « papistes », incités par leur curé, d'aller exhumer le lendemain le cadavre, de le souiller ou de le brûler. À Saint-Etienne de Fursac, le curé prend part le premier à la violence, en brisant lui-même à coup de marteau les grosses pierres mises sur les fosses ; les fidèles

16. *Ibid.*, p. 412-416.

vont ensuite jusqu'à faire leurs excréments sur les corps, une fois les fosses ouvertes.

Côté protestant, la violence est autre. Les violences huguenotes sont des violences de la raison, méthodiquement planifiées pour assurer une plus grande glorification de Dieu : leur visée est de réaliser le triomphe de la Parole évangélique contre les « idolâtres papistes ».

La violence est d'abord contre les choses et objets cultuels ; elle touche peu aux corps afin d'emmener les hommes jusqu'à l'écoute de Dieu : on veut contraindre les idolâtres à écouter les prêches glorifiant Dieu. En outre, meurtrir le corps du « papiste » reviendrait à « énoncer que l'on a peur que le diable puisse, en un temps d'avènement de l'Évangile, triompher de la Parole de Dieu, et donc à douter de la miséricorde divine ». Il s'agit de fait d'éliminer les idoles, de détruire les sacralités, de faire une guerre aux images dans « les lieux de pollution » méconnaissant les enseignements de l'Évangile. C'est une « guerre d'éradication » du « quadrillage des consciences catholiques[17] ». Mercredi 18 février 1568, les Rochelais prennent Luçon et mettent le feu à l'évêché et aux églises et tout ce qui se trouve à l'intérieur en vue « de nettoyer » ces sanctuaires « des immondices qui les remplissent et profanent la gloire divine ».

« Une pédagogie de la Vérité » pour reprendre Denis Crouzet cherche à abolir le règne indigne des images. Purifier avec froideur l'espace cultuel catholique afin de mettre fin automati-

---

17. D. Crouzet, *Les guerriers de Dieu. La violence au temps des troubles de religion. Vers 1525-vers 1610*, Livre premier, Paris, Champ Vallon, 1990, p. 515, p. 538-540, p. 601.

quement aux superstitions qui outragent la puissance de Dieu tout en proclamant l'écoute de la Parole divine est une première intention et justification de la violence des huguenots. Il en existe cependant une autre et celle-ci aboutit à une violence de sang contre les prêtres.

Le prêtre est perçu comme l'agent de Satan. Alors qu'au premier temps de l'Église, il n'y avait ni ornements, ni image, alors que la vraie image de Dieu était son Église invisible, « les prêtres, par orgueil, par avarice, par inclination au mal surtout, se sont faits images ». La guerre *aux* prêtres ou aux « razés » (prêtres et moines) ne consiste pas seulement à mettre en déroute « la prestraille ». Elle est une réponse à la « guerre *des* prêtres » contre les huguenots : les « razés » proclament une fausse religion par leurs appels récurrents contre « ceux qui vivent selon l'Évangile ». Ils empêchent le complet triomphe de Dieu. Cette « malicieuse race du diable », ou « peste du monde », doit être éradiquée, d'où la justification de la violence de sang contre ces « hypocrites », responsables du malheur des fidèles chrétiens : l'ignorance du salut divin[18]. Lors de la prise de Pithiviers par Antoine de Gramont en novembre 1562, alors que les soldats catholiques sont épargnés, les prêtres sont massacrés. Mortagne, mars 1563, ou Vire, la même année : aucun homme ni aucune femme n'est tué, hormis les prêtres et moines qui, selon leurs bourreaux, mettent le vieux monde en situation de résistance à la véritable parole divine.

Le châtiment le plus fréquemment appliqué est la pendaison – parce qu'infâmante et réservée aux criminels – suivie

18. *Ibid.,* p. 574- 576 et p. 617-626.

d'expositions du cadavre à la population. Mâcon, septembre 1562 : le prieur des Jacobins est étranglé avec un licol, puis la corde au cou, fait le tour de la ville selon des stations mutilatrices pour le punir des forfaits dont il s'est rendu coupable devant Dieu et les hommes. « Il a l'oreille droite sectionnée à la porte Saint-Antoine, la gauche à la porte de la Barre ; à la porte de Bourgneuf, le bout des doigts est coupé. Ensuite, il a le nez mutilé dans la cour de la prévôté, des flammes lui lèchent les jambes sur la place de l'ancien marché. Enfin, il est châtré sur le pont sur la Saône et ses parties honteuses sont lancées dans la rivière[19]. »

Dans cette contexture violentissime, le parti des « Politiques », ou tiers parti, considère que les guerres entre les catho-

19. *Ibid.*, p. 623.

liques et protestants français obligent à conclure que la paix civile est une affaire trop sérieuse pour être abandonnée aux religions et à leurs ministres. Ces « Politiques » partent d'un constat : la surenchère de violence « signifie destruction de l'État, et la destruction de l'État aura pour effet l'oubli de Dieu, parce que la violence entraîne la malédiction de Dieu et que c'est par et dans l'ordre civil que les hommes sont en condition d'honorer Dieu[20]. » Du chancelier Michel de l'Hospital (1505-1573), à Michel de Montaigne (1533-1592), Etienne Pasquier (1529-1615), Jacques-Auguste de Thou (1553-1617), Jean de Léry (vers 1536-vers 1613) ou encore François de la Noue (1531-1591), c'est tout un courant politique composé de bien d'autres auteurs, écrivains, responsables militaires et

20. *Ibid.,* p. 450.

politiques qui émerge à la fin du XVIe siècle. Ces « Politiques » considèrent *in fine* que « la cessation de la guerre » est « la condition d'un retour de la loi civile et donc de l'humanité ». L'enjeu est d'amener les Français et leurs responsables à porter « un autre regard sur eux-mêmes et à comprendre que la violence n'est pas humaine, qu'elle est perte tragique d'identité » pour les aider… « à redevenir humain[21] ». Ici doit intervenir la Raison, qui, à l'opposé des passions religieuses, saura redonner raison aux Français. Le règne de la raison doit succéder au règne de la violence. La rationalisation de l'État doit diffuser une rationalisation de la vie sociale : une migration du Sacré ne peut que s'effectuer au profit d'une instance

---

21. Denis Crouzet, *Les guerriers de Dieu. La violence au temps des troubles de religion. Vers 1525-vers 1610*, Livre second, Paris, Champ Vallon, 1990, p. 158-172.

capable de restaurer la paix parmi les créatures de Dieu. Le pouvoir au nom de la paix doit devenir « désenchantement » pour que le royaume devienne un royaume de bonheur et de paix pour tous[22]. C'est en ce sens que Jean Bodin en 1581, dans l'*Apologie de René Herpin* en réponse aux critiques de *Six livres de la République* (1576), réaffirme que « jamais Prince souverain bien conseillé ne doit être partisan, ni suivre la querelle de ses sujets, ni ravaler jusque-là le degré de juge souverain où Dieu l'a posé, pour se faire ennemi des uns et compagnon des autres ». En effet, l'expérience nous « apprend que » presque tous les princes de la terre sont réduits à cette « nécessité de souffrir diversité de religion[23] ». Ainsi, la Raison impose-t-elle à l'histoire

---

22. *Ibid.*, p. 623-628.

23. Cité par M. Gauchet, *La condition politique*, Paris, Gallimard, 2005, p. 220.

son sens ; elle exhorte à l'action politique – et non religieuse – dans l'urgence pour sauver la société en instaurant la paix civile au nom même de Dieu. Au niveau de l'État, cela signifie, comme le souligne Pierre de Belloy en 1585, que « la République n'est pas dans l'Église, mais au contraire l'Église est dans la République ».

Olivier Bobineau

Remerciements

Tout d'abord, nous tenons à remercier très chaleureusement Émile Poulat. Accueillis à chaque fois à bras ouverts, nous avons rencontré un savant qui conjugue la science et le sourire bienveillant. Véritable sage conservant toute sa malice, il a su nous ouvrir les yeux sur la laïcité, ses origines, ses enjeux mais aussi ses limites.

Notre gratitude va vers Laurent Lemoine qui a su retranscrire de manière rigoureuse les entretiens que nous avons eus avec le savant.

Table des matières

ACHEVÉ D'IMPRIMER
EN NOVEMBRE 2014
DANS LES ATELIERS
DES PRESSES LITTÉRAIRES
À SAINT-ESTÈVE – 66240

D.L. : 4e TRIMESTRE 2014
N° D'IMPRIMEUR : 22536
Imprimé en France